PETITE HISTOIRE

DES

Princes d'Orléans

Extraite littéralement de l'*Histoire des Princes d'Orléans*,
en 4 volumes, par M. LAURENTIE,
ancien rédacteur en chef de l'*Union*.

PAR

A. MONDENARD

Conseiller général de Lot-et-Garonne.

AGEN

IMPRIMERIE CASSAN & CAZAUTET

17, RUE CARNOT, 17

—

1885

LES PRINCES D'ORLÉANS

LA QUESTION DES MŒURS

PETITS EXTRAITS

DE

L'HISTOIRE DES D'ORLÉANS

Par M. LAURENTIE

Ancien rédacteur du journal l'*Union*

PETITE PRÉFACE

En 1832, parut, chez Béthune, à Paris, une *Histoire des ducs d'Orléans*, en quatre volumes.

Elle avait pour auteur M. Laurentie.

M. Laurentie, rédacteur du journal l'*Union*, qui fût l'organe attitré de M. le comte de Chambord et qui disparût à la mort de ce prince, M. Laurentie, disons-nous, fût un des hommes les plus justement honorés du parti royaliste.

Son *Histoire des ducs d'Orléans*, qu'il dédia à son ami M. Michaud, l'historien des croisades, n'est pas une œuvre de polémique. Pour en montrer le caractère impartial et élevé, il suffira de rappeler qu'elle fût écrite à l'imitation de l'*Histoire des ducs de Bourgogne*, par M. de Barante.

« Cet ouvrage, dit l'auteur dans sa dédicace à son ami Michaud, n'est point un roman et n'est pas non plus une satire. » Et il ajoute excellemment : « Nourri par vos bons exemples et par vos sages leçons, je ne me suis point accoutumé à faire un abus des lettres humaines, non plus qu'à les dégrader par la faiblesse. »

M. Laurentie est mort comme il avait vécu, entouré de l'estime et de la vénération de son parti.

Nous ne pouvions invoquer, contre les d'Orléans, de témoignage plus autorisé, plus incontestable, mieux accrédité auprès des royalistes.

Nous laissons la parole à M. Laurentie.

GÉNÉALOGIE DES D'ORLÉANS

Louis XIII, roi de 1610 à 1643.

Louis XIV.	**Louis-Philippe de France**, 1er duc d'Orléans (1701).
	Philippe, dit le **Régent**, 2º duc (1723).
	Louis d'Orléans, 3º duc (1752).
	Louis-Philippe d'Orléans, 4º duc (1785).
	Louis-Philippe d'Orléans, dit **Egalité**, 5º duc (1793).
	Louis-Philippe Ier d'Orléans, 6º duc. Roi, 1830-1848 (1850).
	Ferdinand-Philippe, 7º duc (1842).
	Le **Comte de Paris**.

LES PRINCES D'ORLÉANS

LA QUESTION DES MŒURS

I

Louis-Philippe Ier, duc d'Orléans

Nous avons vu Louis XIII avoir deux enfants après deux ans de mariage, le premier, qui fût Louis XIV ; le second, qui fût duc d'Orléans et chef de la branche qui s'est perpétué (*sic*) jusqu'à nos jours, et a fini par se glisser au trône avant que tout le sang de la branche aînée fût épuisé.

L'éducation des enfants de Louis XIII fût mal dirigée... Lamothe le Vayer fût chargé de cette éducation.

Il paraît que le duc d'Anjou (plus tard duc d'Orléans), avait plus de dispositions que son frère (qui fût Louis XIV).

« De quoi vous avisez-vous, Monsieur Lamothe Le Vayer, disait le cardinal (1), de faire un habile homme du frère du roi, il ne saurait plus obéir aveuglément. »

Mazarin fût obéi.

---

(1) Mazarin.

« Ce prince… aimait à être avec des femmes et des filles, à les habiller et à les coiffer ; il savait ce qui seyait à l'ajustement, mieux que les femmes les plus curieuses ; et sa plus grande joie, étant devenu plus grand, était de les parer et d'acheter des pierreries, pour prêter ou donner à celles qui étaient assez heureuses pour être ses favorites. »

L'éducation des deux princes faisait contraste par sa liberté inculte avec les habitudes de pédanterie austère de Lamothe Le Vayer :

« De Montereau, dit P. de Laporte, nous vînmes à Corbeil où le roi voulût que *Monsieur* (le duc d'Orléans) couchât dans sa chambre, qui était si petite, qu'il n'y avait que le passage d'une personne. Le matin, lorsqu'ils furent éveillés, le roi, sans y penser, cracha sur le lit de *Monsieur*, qui cracha aussitôt, tout exprès, sur le lit du roi, qui, un peu en colère, lui cracha sur le nez. *Monsieur* sauta sur le lit du roi et pissa dessus ; le roi en fît autant sur le lit de Monsieur. Comme ils n'avaient plus de quoi cracher ni pisser, ils se mirent à tirer les draps de lit l'un de l'autre dans la place ; et, peu après, ils se prirent pour se battre. Pendant ce démêlé, je faisais ce que je pouvais pour arrêter le roi ; mais, n'en pouvant venir à bout, je fis avertir M. de Villeroi, qui vînt mettre le holà.

« Le roi et *Monsieur*, dit Mademoiselle, eurent un grand démêlé. *Monsieur* avait rompu carême et mangeait dans sa chambre ; il vînt un jour dans celle de la reine, comme elle allait dîner avec le roi ; il trouva un poëlon de bouillie ; il en prît sur une assiette et l'alla montrer au roi, qui lui dit de n'en point manger. Monsieur dit qu'il en mangerait ; le roi lui répondit : « Gage que non ! » La dispute s'accrut. Le roi lui arracha l'assiette et le poussa et jeta quelques gouttttes de bouillie sur *Monsieur*, qui a la tête fort belle et qui aime sa chevelure. Cela le dépita ; il jeta l'assiette au nez du roi, lequel d'abord ne se fâcha pas. Quelques femmes de la reine, qui étaient présentes, l'animèrent contre Monsieur ; le roi se fâcha et lui dit que, si n'était le respect de la reine, qui était présente, il le chasserait à coups de pied. »

Cependant, les deux princes grandissaient et chacun laissait paraître ses penchants naturels :

« On n'a jamais vu, dit la princesse Palatine (1), deux

____

(1) *Mémoires* de Mme la princesse d'Orléans.

frères plus différents que le roi et *Monsieur*. — Monsieur...
n'aimait qu'à jouer, tenir un cercle, bien manger, danser
et se parer ; en un mot, tout ce qu'aiment les femmes. Le
roi, aimait la chasse, la musique, les comédies ; mon époux
se plaisait aux grandes assemblées et aux mascarades. Son
frère était galant avec les dames ; je ne crois pas que mon
époux ait été amoureux de sa vie. Il dansait bien, mais,
c'était à la manière des femmes. »

A la mort de Mazarin, le duc d'Anjou, qui, depuis un
an, était duc d'Orléans, voulut réaliser ses projets de
mariage avec la princesse Henriette, sœur de Charles, roi
d'Angleterre : « Elle alla loger aux Tuileries, chez *Monsieur*,
où le roi allait quasi tous les jours parce que cette cour
était remplie de plaisirs. » (1)

Les plaisirs dont parle *Mademoiselle* prirent, par degrés,
un caractère de *licence* et de TURPITUDE dont il n'est pas
permis, à toutes les plumes, de rappeler l'*énormité*. (2)

Il a fallu toute la liberté des Mémoires destinés à être
secrets pour donner une idée des *débauches* qui vinrent
souiller cette cour, malgré la présence d'une épouse et ses
prétentions à la dignité.

Le chevalier de Lorraine était devenu le maître de la
maison de Monsieur (duc d'Orléans), en se prêtant aux
infamies de son maître. Ce fut un hideux mélange de
corruption et de vices. A la suite du chevalier de Lorraine,
venait Mlle de Grancey, fille du maréchal de Grancey, à
qui fut donné le titre de *maîtresse* de Monsieur, *pour
déguiser d'autres MONSTRUOSITÉS*. Ces deux personnages, parmi tant d'autres complaisants, également infâmes
et non moins cupides, couvrirent d'ignominie le duc
d'Orléans et *ainsi s'ouvrait cette longue carrière d'immo-
ralités que sa race devait parcourir.*

A ce moment, éclatèrent des discussions dans la maison
de Monsieur et il fallut que le roi se fît le protecteur de
Madame contre les duretés de son mari. *Monsieur* témoi-
gnait partout son irritation et sa colère. Il semblait *aspirer
après sa mort*, et, un jour, dans un voyage, comme Madame
était mal portante, il lui rappela, à elle-même, qu'un
astrologue lui avait prédit qu'il aurait plusieurs femmes ;
et, quant au duc de Lorraine, il ne perdit pas de vue sa

---

(1) *Mémoires de Mademoiselle*.
(2) On n'a pas oublié que c'est M. Laurentie qui parle.

vengeance et, du fond de l'Italie, il sut la rendre terrible, en envoyant, par un gentilhomme provençal appelé Maurel, un poison destiné à frapper de mort la malheureuse princesse.

« Il n'est que trop vrai, dit encore La Palatine (seconde femme du duc d'Orléans) (1), que feue Madame a été *empoisonnée*. »

Laissons, à Saint-Simon, le soin de nous faire cet affreux récit d'empoisonnement :

« Madame était à Saint-Cloud qui, pour se rafraîchir, prenait, depuis quelque temps, sur les sept heures du soir, un verre d'eau de chicorée. Un garçon de sa chambre avait soin de la faire ; il la mettait dans une armoire d'une des antichambres de Madame, avec son verre...

« Le marquis d'Effiat avait épié tout cela.

« Le 29 juin 1760, passant par cette antichambre..., il se détourne, va à l'armoire, l'ouvre, jette son boucon (poison), puis, entendant quelqu'un, s'arme de l'autre pot d'eau commune et comme il le remettait, le garçon de la chambre, qui avait soin de cette eau de chicorée, s'écrie, court à lui, et lui demande brusquement ce qu'il va faire à cette armoire. D'Effiat, sans s'embarrasser le moins du monde, lui dit qu'il demande pardon, mais qu'il crevait de soif.

« Ce qui suivit une heure après n'est pas de mon sujet et n'a que trop fait de bruit par toute l'Europe.

« Madame étant morte le lendemain, 30 juin, à 3 heures du matin, le roi fut pénétré de la plus grande douleur. » (2)

La pensée recule d'effroi devant ces atrocités... Le caractère du duc d'Orléans reste horriblement dépeint dans tous ces récits. Les complices de ses débauches le méprisaient assez pour songer à lui être agréable en empoisonnant sa femme et, assez encore, pour n'oser pas lui faire la confidence d'un tel service.

Il n'éprouva aucune affliction de cet attentat.

Le duc d'Orléans, avant la mort de Madame, avait songé à se remarier. On lui chercha une femme nouvelle. Ce fut Mᵐᵉ Elisabeth-Charlotte de Bavière (La Palatine).

Le prince Palatin envoya sa fille qui devait, à son entrée

---

(1) *Mémoires* de la duchesse d'Orléans.
(2) *Mémoires* de Saint-Simon, tome III.

en France, se faire catholique. Ce fut une conversion de convention.

Elle passait son temps à écrire et se rendait compte, à elle-même, de tout ce qui se passait autour d'elle ; indifférente aux évènements, indifférente même aux infidélités et aux scandales de *Monsieur* (son mari), se satisfaisant elle-même par le sarcasme, le jetant, à pleines mains, sur les *sales créatures* qui déshonoraient le nom de son mari (le duc d'Orléans), et se croyant assez vengée si elle avait marqué... chaque infamie par une flétrissure.

Madame (La Palatine) eut, du duc d'Orléans, deux enfants, Philippe d'Orléans et Élisabeth-Charlotte d'Orléans.

Les deux époux se séparèrent ensuite, chacun gardant, de son côté, sa liberté, Monsieur revenant à ses *saletés*, Madame, se livrant à sa passion unique de censurer, de flétrir et de déchirer.

Louis XIV reparut à la tête de ses armées et voulut, cette fois, que son frère sortit de ses habitudes vulgaires pour prendre part aux batailles.

Monsieur ne s'y montra pas sans valeur... *il* avait, du reste, peu de ce qu'il faut pour faire un homme de guerre ; il n'aimait pas à monter à cheval et tout ce qui l'arrachait à sa vie d'oisiveté, à ses femmes perdues, à ses hideux favoris, lui était importun et odieux.

Après cette épreuve rapide des batailles, il retourna à ses habitudes, sans se mêler autrement au mouvement intellectuel qui agitait ce grand siècle. Il passait son temps au milieu des femmes, jeunes ou vieilles, laides ou belles. Il aimait à se couvrir de diamants. « Il était heureux que je ne les aimasse pas, dit La Palatine (sa femme) ; car, nous nous serions disputés pour nous en parer. Il ordonnait lui-même ma parure et me mettait du fard sur les joues. »

A un prince aussi oublieux de lui-même, Louis XIV n'eut pas de peine à imposer un mariage déshonorant pour son fils, le duc de Chartres. (1)

Il semblait, à ce monarque, que de mettre ses *bâtards* en des positions élevées, c'était jeter un voile sur l'infamie de leur naissance. Mme de Maintenon entrait dans les vues du roi et le poussait à agrandir ses enfants illégitimes. L'un et l'autre avaient nourri le projet de marier Mlle de

---

(1) Qui fut, depuis, le Régent.

Blois, seconde fille de Mme de Montespan (et bâtarde du roi), au duc de Chartres.

Madame (la duchesse d'Orléans), avec sa liberté allemande, avait offensé le roi ; et, bientôt, l'irritation s'anima encore par les plaintes de Mme de Chartres, qui fit part au roi de ses douleurs, au sujet des *débauches* de son mari.

Le roi voulut en parler à Monsieur (son frère), qui, cette fois, rompit toutes les bornes et osa répondre que « les pères qui avaient mené certaines vies, avaient peu de grâce et d'autorité à reprendre leurs enfants ». Le roi, qui sentit le poids de la réponse, se rabattit sur la pudeur de sa fille et, qu'au moins, devait-on éloigner de tels objets de ses yeux. « Monsieur, *dont* la gourmette était rompue, dit Saint-Simon, le fit souvenir, d'une manière piquante, des façons qu'il avait eues pour la reine avec ses maîtresses, jusqu'à leur faire faire les voyages de son carrosse avec elles. Le roi, outré, renchérit, de sorte qu'ils se mirent tous deux à se parler à pleine tête. »

Ce fut l'huissier qui, entendant tout, s'en va avertir le roi. On baissa le ton ; mais, les reproches continuèrent jusqu'à ce qu'on appela le roi pour dîner.

Cette scène avait été violente et *Monsieur* parut à table tout rouge de colère et une dame dit qu'il avait besoin d'être saigné. Cependant, il mangea extrêmement, selon sa coutume.

Mais, cet excès devait lui être fatal. Il s'en alla à Saint-Cloud et, le soir, en soupant, il fut frappé d'apoplexie.

Tel fut le chef de la branche d'Orléans qui, depuis, a passé par tant de fortunes avec des pensées si diverses et des sentiments si contraires.

En présence d'un tel personnage, il a fallu laisser parler les *Mémoires*, avec leur familiarité incisive et leur véracité cynique.

Que sera-ce donc lorsque nous allons nous trouver face à face avec des vices d'une effronterie sans exemple !

II

Philippe d'Orléans, dit le Régent

Philippe d'Orléans, qu'on nomma duc de Chartres, était né avec de merveilleuses dispositions et des qualités brillantes.

On l'avait, d'abord, confié à Saint-Laurent, officier de la maison de Monsieur.

Le vertueux Saint-Laurent était mort soudainement.

Il avait eu pour auxiliaire un ecclésiastique, alors perdu dans quelques offices subalternes et, depuis, devenu célèbre par une vie pleine de débauches et de grandeurs. Cet ecclésiastique était l'abbé Dubois.

L'abbé Dubois commença par se faire le corrupteur de son disciple. Le duc de Chartres ne répondit que trop bien à ces étranges leçons. Sa jeunesse fut flétrie par une dégradation précoce et un goût d'*infâmes voluptés* vint altérer cette noble nature.

Il se fit de bonne heure un entourage de courtisans, imitateurs de ses débauches et tout leur génie, licencieux et ardent, s'appliqua à l'invention de plaisirs nouveaux.

L'abbé Dubois se faisait l'instrument et le ministre de ces jeux de libertinage et, quels que fussent ces souvenirs des premières années de Louis XIV, on concevait que ce roi, qui avait gardé je ne sais quelle dignité jusques dans ses adultères, s'indignât de voir des amours souillées par une si *abjecte crapule*. (1)

Ni Monsieur ni Madame (son père et sa mère) ne songeaient à réprimer cette licence du duc de Chartres. Le premier, au contraire, l'encourageait par d'autres spectacles de *cynisme*.

L'éducation du duc de Chartres n'avait pas été grave, mais elle avait été ornée.

A la mort de son père, se sentant mal accueilli de la cour, il se jeta, d'ennui, dans les études de chimie, de physique ou de peinture.

La première de ces occupations ne fut qu'une recherche de choses mystérieuses ;

La chimie du prince en vint à la recherche du diable, qu'il voulait voir, quoi qu'il n'y crut pas. Les fripons accoururent pour le flatter dans ce goût étrange. Il se fit, dans son palais, des évocations mêlées aux scènes de libertinage et de folie.

Plus souvent, il transportait ses mystères chez ses maîtresses et ce fut chez une d'elles qu'un devin lui fit faire,

____

(1) Nous rappelons que notre brochure est composée uniquement d'extraits très littéralement tirés de l'*Histoire des ducs d'Orléans*, par M. Laurentie.

par une petite fille, l'histoire de sa vie, et lui montra, dans un verre d'eau, tout l'avenir de la famille Louis XIV, avec les morts funestes qui devaient désoler cette grande postérité.

Il aima la gloire — surtout celle de briller dans la débauche. Le scandale lui souriait. Il outrait le crime à dessein. Son impiété fut un calcul d'outrage envers le ciel. Il choisissait les jours les plus saints de la religion pour les orgies les plus bruyantes. (1)

Il portait envie au grand-prieur qui, depuis quarante ans, ne s'était couché qu'ivre et n'avait cessé d'entretenir des maîtresses et de se moquer de Dieu. Il fallait, à ses compagnons de plaisir, des goûts semblables de licence et de bruit ; il se plut à les désigner par un nom odieux, celui de *roués*, comme pour leur faire un titre de leur propre flétrissure. Il leur comptait leurs années de folie crapule comme un mérite ; et, par cette étrange prétention à la gloire de l'infamie, il justifia une parole, restée célèbre, de Louis XIV qui disait de lui qu'il était *un fanfaron de crimes*.

La licence des comédiennes et des courtisanes le charmait. Il prit, à ce commerce, un langage dont il finit par ne pas apercevoir la saleté, et il le jetait à toutes les oreilles comme un langage naturel. Ce fut, dans la suite, un affreux spectacle que les assauts d'effronterie et de cynisme qui se livraient autour de lui. Ce qui restait dans sa maison de femmes honnêtes ne savaient comment assister à de tels jeux.

Tel fut le duc d'Orléans, mélange de bien et de mal, doué de nobles penchants et perdu de passions déshonorantes.

Il nourrissait une passion pour Mlle de Seri, fille d'honneur de Madame.

Elle finit par tout dominer au Palais-Royal, avec le titre public de *maîtresse* du prince. Elle eut de lui un enfant qu'elle eût la puissance de faire légitimer.

Bientôt, de nouveaux germes de malheur et de scandales vinrent éclater.

Mme la duchesse de Berry (fille du Régent), s'était formée à l'école du scandale et du vice. Déjà ses passions s'étaient révélées et sa galanterie s'était annoncée par des éclats

---

(1) Par exemple le vendredi-saint (*Note* de Laurentie.)

prématurés. On l'eut dite née sans cet instinct de pudeur qui est le premier ornement de son sexe. Dès qu'elle fut mariée, elle si livra à tous ces caprices avec fureur. Le duc d'Orléans risqua, dans le commencement, quelques paroles... Mais, il fut reçu comme tous les autres. On eut dit une furie déchaînée. Elle traitait son père *comme un nègre*, dit Saint-Simon, et comme *il l'aimait passionnément*, il était réduit de l'apaiser par des prières.

D'autres scandales se firent jour. Cette *faiblesse* du duc d'Orléans *pour sa fille* fut remarquée. Déjà d'infâmes rumeurs commençaient par se répandre ; ce fut comme un pressentiment de toutes les horreurs qui allaient souiller le nouveau siècle.

Sur ces entrefaites, le Dauphin mourut. Sa mort fut prompte. Quelques-uns semèrent des bruits de poison...

Le duc de Saint-Simon prévint le duc d'Orléans des sinistres soupçons qu'il éclataient contre lui.

Il en parut tout étourdi... Il retomba bientôt dans sa licence. Il n'eut plus de maîtresse, mais il appela autour de lui tout ce que Paris avait de sale et d'abject. Sa fille avait paru dans ses orgies. Entre elle et lui, il se faisait un horrible assaut de cynisme. Leurs conversations étaient hideuses de libertinage.

Saint-Simon en parla au duc d'Orléans en lui recommandant de cacher ses débauches. C'était toute la vertu qu'il lui imposait.

Puis, de lugubres évènements vinrent se joindre aux terreurs du vulgaire. La duchesse de Bourgogne mourut à Versailles, à 26 ans (12 février 1712). Six jours après, le Dauphin, son époux, mourut à Marly ; le mois suivant, le duc de Bretagne, nouveau Dauphin, fils du duc de Bourgogne, un enfant de six ans, fut frappé comme son père et sa mère. En moins de dix mois, trois Dauphins étaient descendus au tombeau. Le quatrième, second fils du duc de Bourgogne, était lui-même à l'extrémité. Un sentiment d'épouvante glaça tous les cœurs.

A la cour, les clameurs furent hautes et soudaines. On nomma le duc d'Orléans comme empoisonneur de la famille royale.

Louis XIV supporta tant de pertes cruelles sans paraître ému des rumeurs qui troublaient sa cour. Toutefois, il paraissait constant que le poison n'avait pas été étranger à toutes ces morts. Les médecins Fagon, Boudin et quel-

ques autres, attestaient sa présence ; un seul niait : c'étai
Maréchal, premier chirurgien du roi, qui sembla s'intéres-
ser à la renommée du duc d'Orléans et courut chez Saint-
Simon pour l'avertir de ces orages.

On se souvint de tout ce qui avait été dit, autre-
fois, de la mort tragique de la première femme de Monsieur
et l'on s'écriait librement que le duc d'Orléans était *le fils
de son père*. (1)

D'autres scènes se préparaient, mêlées de crimes et de
scandales nouveaux.

La duchesse de Berry continuait à donner un libre cours
à ses galanteries. Quel que fût le mystère des assiduités
de son père, il ne l'empêchait pas de suivre le caprice de
ses débauches. Elle avait pour amant un écuyer de son
mari, nommé Delahaye. Cet amour était devenu de la
frénésie. Elle proposa à Delahaye de l'enlever et de l'em-
mener en Hollande. Delahaye eut peur, et fit part de ce
délire au duc d'Orléans.

Le duc de Berry ne put tenir, à la fin, contre ces spectacles de dérèglement. Il avait pris la résolution de la faire
enfermer dans un couvent. Elle apprit quelque chose de
ce projet. Peu de temps après, le duc de Berry mourut
violemment. Il était allé dîner chez sa femme, à Versailles,
pendant que la cour était à Marly. A son retour à Marly, il
fut pris de convulsions si violentes d'estomac, qu'il vomis-
sait des flots de sang. La mort suivit de près. On ouvrit le
prince. On trouva la membrane de l'estomac dans un état
qui annonçait le poison.

Le monde s'étonna de tant d'énormités. Le nom du duc
d'Orléans reparut dans les bruits sinistres qui se répan-
dirent. On accusait hautement sa fille et lui-même. Les
vices effrontés de l'un et de l'autre tenaient lieu de preu-
ves et, comme si c'était trop peu du crime de leurs
amours, on y ajoutait tous les attentats que l'exécration
faisait soupçonner aux imaginations troublées.

Louis XIV avait enfin rédigé son testament et avait entouré ses volontés de mystère.

Le grand roi mourut.

Le duc d'Orléans avait le chemin tout frayé vers la
puissance. Il fit d'abord reconnaître son droit de régent.
Il n'y eut nulle contradiction.

---

(1) C'est-à-dire empoisonneur comme lui.

Le duc d'Orléans, dès sa première jeunesse, s'était entouré de seigneurs qui couraient, comme lui, à tous les excès. (1)

Et parmi ces seigneurs effrontés, des femmes ramassées dans tous les rangs de la société, dans les palais et dans les tavernes, Mme de Mouchy, Mme de Sabran, la duchesse de Gesvres, des filles d'opéra, des courtisanes perdues arrivaient pêle-mêle avec des comédiens et libertins de toute sorte, apportant, avec l'habitude du langage libre, plaisant et pervers, les raffinements de la débauche et tous les secrets du vice.

Tel était cet amas de libertins et de femmes qu'on appelait la *cour des roués* et qui, publiquement, avait, tous les jours, au Palais-Royal, ses heures de plaisir et d'infamie.

La duchesse de Berry jouait un rôle principal dans la turpitude.

La plume n'ose point écrire tout ce qui lui fut reproché d'ignominie. Souvent elle interrompit ses débauches pour aller s'enfermer au couvent des carmélites et se livrer à des jeux de dévotion qui n'étaient qu'un raffinement d'orgie.

Dans une fête qu'elle donnait à son père, un froid la saisit ; *elle* finit, à vingt-quatre ans, une vie pleine de désordres.

D'autres scandales restèrent.

Deux filles du régent, Mlle de Valois et Mlle Louise-Adélaïde d'Orléans, avaient suivi la même carrière de plaisirs.

Les soupers étaient (après les bals masqués), un autre genre de corruption. L'ivresse se mêlait au libertinage et l'effronterie du langage provoquait la fureur de la débauche. Ce fut en plein souper que la duchesse de Sabran jeta au Régent ces étonnantes paroles : « *Dieu, après avoir créé l'homme, prit un reste de boue dont il forma l'âme des princes et des laquais.* »

Telle est la plus faible partie des désordres qui souillèrent ces temps impies. La plume se refuse à tracer tous les raffinements de débauche, tous les jeux de dégradation, tous les caprices de folie et de fureur qui marquèrent cette

---

(1) MM. de Nocé, le marquis de La Force, le chevalier de Simiane, de Fargy, le duc de Brancas, le marquis de *Broglie*, Canillac, cités par M. Laurentie.

décadence des mœurs publiques. D'autres diront comment des hommes et des femmes étaient occupés à inventer des plaisirs et des infamies pour présenter au Régent ces créations de génie comme on eut fait d'un travail sérieux de politique. Tout est infâme dans ces récits, jusqu'au nom même des fêtes imaginées par une perversité épuisée ; et il y a dans cet excès une sorte de perfectionnement qui suppose je ne ne sais quel air inconnu de dégradation et de débauche.

La satire, la corruption, la licence passèrent dans le haut clergé. Les femmes se mêlaient, avec leurs intrigues de boudoir, dans les nominations ecclésiastiques les plus élevées. La Fillon, une célèbre courtisane qui avait grand crédit chez le Régent, l'alla trouver avec des airs d'humilité et lui demanda l'abbaye de Montmartre. Le Régent éclata de rire et Dubois, qui était présent, riait plus fort. « Pourquoi ris-tu ? dit l'impudente femelle à l'effronté prélat ; tu es bien archevêque, toi ! »

Dubois songeait à la dignité de cardinal : « Lui, cardinal ! ce misérable, avait dit plusieurs fois le Régent, je le ferai périr dans un cachot. »

Le chapeau fut, enfin, accordé à Dubois.

Le Régent avait épuisé sa vie dans les plaisirs. Il était arrivé à un état d'affaissement extrême. La monotonie de Versailles déplaisait à ses habitudes ; il ne pouvait se passer le soir de ses soupers libres de Paris, de l'Opéra, de ses amis, de ses femmes ; c'était pour cela qu'il voulait se donner un premier ministre.

« Qui peut donc, lui dit Saint-Simon, vous attacher encore à vos soirées scandaleuses et vos infâmes soupers ? »

Dubois fut déclaré premier ministre. La cour applaudit, mais la France s'indigna ; car, la licence des scandales n'avait pas encore détruit la pudeur publique.

Quand Dubois fut mort, le duc d'Orléans écrivit à Nocé : « Morte la bête, morte le venin ; je t'attends ce soir au Palais-Royal. »

Le travail de premier ministre ne pouvait aller à son corps et à son esprit également épuisés et flétris par la fatigue des voluptés.

Le malheureux prince ne put que se laisser disputer ses derniers moments de noblesse et d'ennui par quelques maîtresses. On avait vu Mme d'Averne, Mme de Parabère, Mme de Gesvres, Mme de Sabran, pêle-mêle avec la courtisane Emilie et quelques comédiennes à la mode, se léguer, tour à tour, les restes de cette vie délabrée.

En ce moment, toutefois, une femme paraissait régner sur l'âme engourdie du duc d'Orléans. C'était la duchesse de Falari.

Le duc d'Orléans lui-même avait un vague pressentiment de sa fin. Son teint enflammé, ses yeux rouges de sang, étaient les indices d'une apoplexie qui s'approchait. Il avait travaillé péniblement avec le roi. Il donna quelques audiences ; puis, il rentra dans son appartement avec Mᵐᵉ Falari et se laissa pencher sur les genoux de cette femme comme un homme qui se meurt. Le duc d'Orléans fut saigné : il était mort.

<h3 style="text-align:center">III</h3>

<h3 style="text-align:center">Louis d'Orléans.</h3>

Le duc d'Orléans, Régent, avait eu plusieurs filles et un fils, le duc de Chartres, né le 4 août 1703.

Ce prince fut modestement élevé par l'abbé Mongault.

L'abbé Mongault fit de son disciple une sorte d'innocent ; il n'en fit point un homme.

Des écrivains, qui ont trouvé que le Régent n'avait pas eu assez de vices, ont raconté qu'il avait livré son fils à une courtisane. Saint-Simon ne le dit pas ; mais, il raconte que le duc de Chartres fut surpris chez une fille d'opéra par la nouvelle de la mort du Régent.

Le duc d'Orléans perdit sa femme après deux ans de mariage ; il se jeta dans les querelles Jansénistes et dans la théologie disputeuse. Il passa son temps à faire des disertations sur la Bible.

En 1742, il remit à sa mère le soin de ses affaires ; il vécut, depuis lors, comme un cénobite.

Il s'éteignit dans l'obscurité des vertus ; la religion, mieux comprise, lui eut fait une autre destinée.

<h3 style="text-align:center">IV</h3>

<h3 style="text-align:center">Louis-Philippe d'Orléans.</h3>

Louis d'Orléans laissait un fils qui était né le 12 mai 1725. En 1743, on le fit maréchal de camp. A ce moment, on

songea à le marier. On l'entoura d'intrigues. La princesse
de Conti, femme d'une corruption savante et raffinée,
donna à sa fille des dehors de piété et de vertu pour sé-
duire le duc d'Orléans dans sa cellule de moine. Cette
habileté lui réussit et le mariage se fit, au grand étonnement de tout le monde.

Le duc de Chartres fut d'abord très heureux de cette
union. A la mort de son père, devenu duc d'Orléans, son
existence intérieure était déjà troublée. Sa femme avait
laissé tomber ses voiles d'hypocrisie et s'était jetée dans
les amours les plus effrontées.

Son langage était cynique et sa débauche furieuse. Ici,
encore, l'histoire s'arrête d'étonnement et de pudeur. Les
mémoires mêmes n'ont pas tout dit. Il en est d'inédits qui
révèleront plus tard la hardiesse de ces scandales. Ils
diront l'affreux mélange des amants qui se succédaient ou
se prenaient à la fois autour de cette femme audacieuse ;
le comte de Melfort fut le plus avoué.

Comme l'entrée du Palais-Royal lui avait été interdite,
elle allait publiquement le trouver, dans son grand équi-
page de princesse, et elle laissait ses voitures dans la rue
à la vue de tout le peuple dont elle bravait le courroux.

Aux promenades de Longchamps, elle s'avisa de faire
habiller Melfort en postillon pour conduire la voiture. La
foule était immense et l'embarras de son amant, dans cette
cohue, réjouissait l'infâme prostituée. L'histoire rougit
d'avoir à prononcer quelques noms de gentilshommes, de
prélats et d'abbés mêlés à ces turpitudes, le comte de
Durfort, le comte d'Osmond, l'évêque de Comminges, son
frère, le comte de Thiard, le marquis de Polignac, l'abbé
de Martin. C'est celui-ci qui se vanta d'être le père du duc
de Chartres (depuis *Egalité*). Et, à ce sujet, l'effrontée duchesse disait : « *Quand on tombe sur un fagot d'épines,
sait-on celle qui vous a piquée ?* »

Elle finit sa vie par des impiétés. « Je l'ai passée courte
et bonne », disait-elle.

Et puis, comme la pensée d'une autre vie lui revenait
malgré ses airs d'audace : « Je vais savoir ce qui en est »,
ajoutait-elle. Rien ne manqua à ce cynisme de débauche
inique et railleuse. Elle recommanda son testament; on
l'ouvrit ; c'était une chanson horrible où elle passait tous
ses amants en revue avec des paroles d'une moquerie
libertine.

Telle fut cette femme qui servit de transition aux orgies du Régent et d'un autre duc d'Orléans qui put, sous le bruit de tant d'infamies, se croire le droit de renoncer à son nom et de douter même de sa naissance.

Le duc d'Orléans se consola dans les plaisirs.

Une vague passion l'avait préoccupé au milieu de ses fêtes : Mme de Montesson, femme d'une coquetterie habile et froide, usa de tous ses artifices pour dominer le cœur du duc. Il faut voir comment Mme de Genlis, nièce de Mme de Montesson, raconte, dans ses *Mémoires*, les ingénieuses habiletés de sa tante et les ineptes duperies du prince qui s'était fait son adorateur.

Le roi consentit au mariage et Mme de Montesson put enfin étaler sa vanité satisfaite.

Le duc d'Orléans se traîna ainsi dans la nullité, digne de se perdre dans la confusion des personnages que le siècle emportait pêle-mêle dans ses désordres.

V

Louis-Philippe-Joseph d'Orléans, dit Egalité.

Louis-Philippe n'a pas une pensée qu'on puisse dire, pas une parole qu'on puisse conter. Tout son mérite, comme personnage historique, c'est d'avoir fait des crimes. Et encore, ses crimes, ont un caractère de stupidité qui dégoûte !

Louis-Philippe-Joseph d'Orléans naquit à Saint-Cloud, le 13 avril 1747.

On lui donna quelques leçons qu'il n'écouta guère.

A la fin de son éducation, « le premier soin paternel de M. le duc d'Orléans avait été de lui donner une courtisane pour maîtresse ». (1)

De bonne heure, Louis-Philippe perdit cette pudeur de jeune homme qui s'allie quelquefois avec le vice et qui annonce, pour d'autres, un retour à la vertu. Il s'accoutuma à publier, comme une gloire, ses saletés. Il se livra au jeu, au vice, aux prostituées. Il appela auprès de lui les jeunes seigneurs les plus licencieux ; il se fit, entre eux, une rivalité de corruption, un combat de crapule.

Peu à peu, l'élégance même du corps fut altérée ; il prit

______

(1) Mme de Genlis, *Mémoires*.

avec les femmes un mauvais ton accommodé avec ses habitudes de débauche.

On se vengea du prince scandaleux en lui disputant sa naissance. On ne pouvait croire à tant de perversité si son origine même n'était souillée. On rappela les débauches de la mère (1) pour expliquer l'avilissement du fils. Cette femme avait été une Messaline et on voulut que Louis-Philippe fut né de ses adultères avec un cocher...

Ses compagnons d'orgie n'en furent pas effrayés. La seule adulation qui fut permise autour de lui, ce fut d'égaler sa crapule. Il portait alors le titre de duc de Chartres. Le duc de Chartes devint le patron et l'ami de tous les seigneurs dégradés du temps. Sa demeure fut comme un antre de prostitution

Hommes et femmes couraient à ce repaire. Alors il ne restait plus de pudeur. Le mariage était publiquement profané. Il se faisait des échanges de femmes et d'époux, comme si le mariage n'eût été qu'une convention bonne, tout au plus, à mettre à l'aise la brutalité et à couvrir les turpitudes.

Les jeunes gens — et l'histoire a surtout à signaler les jeunes seigneurs — se faisaient un jeu de l'infamie. La publicité des débauches de Louis-Philippe les excitait.

Cependant, il entrait dans les convenances de famille de songer à marier Louis-Philippe.

Mlle de Penthièvre fut recherchée par l'abbé de Breteuil pour le duc de Chartres.

Le prince de Lamballe, fils du duc de Penthièvre, était un des compagnons de débauche de Louis-Philippe. Il tomba malade. Son mal empira, de façon qu'en peu de temps, il le conduisit au tombeau.

Il y eut, en ce temps-là, d'effroyables rumeurs sur cette mort du prince de Lamballe qui faisait choir, sur la tête de sa sœur, une fortune immense. On soupçonna que le prince corrompu (Philippe d'Orléans), qui riait de la mort de ses compagnons de débauche, avait pu, à dessein, hâter celle de ce prince par des provocations perverses.

Quoi qu'il en soit, le mariage se fit avec éclat.

La duchesse de Chartres accoucha, le 6 octobre 1773, d'un prince qui fut Louis-Philippe d'Orléans, *depuis* roi des Français.

------

(1) Voir plus haut.

Mêlant la cupidité à ses vices, Louis-Philippe d'Orléans s'avisa de couvrir le vaste emplacement du Palais-Royal de constructions nouvelles qui allaient élever sa fortune sur la ruine des maisons voisines. S'il faut en croire Mme de Genlis, ce ne fut là qu'un expédient pour relever ses affaires délabrées. Tout lui annonçait une banqueroute prochaine. De là naquit cette monstrueuse unité d'un édifice où se mêle la grandeur avec l'agiotage, où le palais se marie avec la boutique, et la dignité royale avec l'industrie des prostituées.

Le duc de Chartres était devenu duc d'Orléans à la mort de son père. Il avait fait du Palais-Royal un lieu de perversité où les projets criminels se mêlaient aux sales orgies. Des dames de grand nom ne craignaient pas de s'y précipiter avec de sales prostituées. Mme de Buffon semblait y présider par son titre public de maîtresse du prince.

Au milieu des troubles de Juillet, *le banquier* Pinet eut peur. Il confia son portefeuille au duc d'Orléans, qui le lui avait demandé et avait promis de le mettre en sûreté au château de Raincy. La tranquillité parut se rétablir et Pinet, qui avait besoin de son portefeuille, le réclama. Le duc d'Orléans éluda plusieurs fois la demande de Pinet et lui fit dire, à la fin, de l'aller chercher au Raincy et il lui désigna le jour où il devait le lui remettre lui-même.

Dans la route, au milieu du bois du Vésinet, il est tout à coup assailli par des brigands. On le frappe à mort.

Cette horrible aventure fut mal étouffée. Il en jaillit assez de lumière pour diriger aussitôt les soupçons sur le duc d'Orléans. (1)

Mirabeau disait du duc « qu'au moral, il ne fallait rien lui imputer parce qu'il avait perdu le goût et qu'il ne sentait plus la différence du bien et du mal. »

Dès le mois de juillet, Mirabeau avait laissé percer, dans ses conférences avec ses collègues, le plan d'usurpation de la faction d'Orléans. Il s'agissait de faire de Louis-Philippe un lieutenant-général du royaume et puis, bientôt, à la place de Louis XVI, la France aurait eu un Louis XVII.

-----

(1) « Cette catastrophe, qui dérangea la fortune d'un très grand nombre de personnes, fut mise sur le compte du duc d'Orléans. » *Bertrand de Malleville*, ancien ministre, cité par Laurentie.

Quant au duc d'Orléans, on ne le voit pas paraître dans cette atroce histoire des calamités de sa famille ; il se cache. Les crimes lui font peur, même ceux dont il espère profiter. Il lui faudrait des crimes paisibles, une révolution commode, un chaos sans bruit.

Pour s'assurer des suffrages dans les élections, il avait commencé, après les journées de Septembre, par renoncer à son nom et par prendre celui d'*Egalité*.

Joseph *Egalité* s'en alla aux Jacobins protester qu'il n'était pas le fils du dernier duc d'Orléans, mais le fils d'un valet d'écurie, s'excusant d'avoir été cru Bourbon jusqu'à ce moment, justifiant ses dénégations par l'infamie de sa mère.

Son fils, le duc de Chartres (*plus tard Louis-Philippe, roi des Français*), prit aussi, à l'armée, le titre de général *Egalité*. Toute la famille d'Orléans le porta de même.

« Pour inspirer plus de confiance en cette déclaration, dit un historien (1), quelques émissaires affidés du duc d'Orléans, répandus dans les clubs et les groupes populaires, lui donnaient une généalogie très conforme aux sentiments qu'il professait et affirmaient qu'il était fils d'un cocher ; que, par conséquent, on devait le regarder comme un vrai *sans-culotte*.

Le procès de Louis XVI suivait son cours. Ce qui fut monstrueux, ce fut de voir le duc d'Orléans siéger avec calme parmi ses meurtriers.

Lorsque le roi fut amené dans la Convention pour être interrogé, Louis-Philippe osa se placer en face de la victime, affectant une supériorité de juge et dissimulant ses terreurs par des semblants de dignité.

Dans la séance du 15 janvier, il fut procédé à l'appel nominal sur la question suivante :

Louis Capet, ci-devant roi des Français, est-il coupable de conspiration contre la liberté et d'attentat contre la sûreté générale de l'Etat ? Oui ou non ?

C'était la première parole de mort qui allait se prononcer. Le duc d'Orléans la prononça sans hésiter.

Mais, lorsqu'on entendit sortir de sa bouche le mot *oui*, il partit, de tous les points de l'Assemblée, un murmure éclatant d'indignation qui suspendit l'appel nominal...

Les deux autres questions posées étaient celles-ci :

____

(1) Bertrand de Malleville, cité par Laurentie.

Le jugement qui sera rendu sur Louis, sera-t-il soumis à la ratification du peuple, réuni dans les assemblées primaires ?

Quelle peine le ci-devant roi des Français a-t-il encourue ?

Sur la question de la ratification du peuple, Louis-Philippe prononça ces paroles :

Je ne m'occupe que de mon devoir ; je dis : Non !

Et cette fois encore, il se fit, dans l'Assemblée, un bruit de colère et de mépris.

Enfin, la question décisive arriva.

Louis-Philippe vint couronner cet amas de barbarie par ces paroles :

Uniquement occupé de mon devoir, convaincu que tous ceux qui ont attenté ou attenteraient, par la suite, à la souveraineté du peuple, méritent la mort ; **je vote la mort** !

Ici, l'Assemblée fut frappée comme d'un coup de foudre : « Oh ! l'horreur ! Oh ! le monstre ! » s'écriait-on, en le désignant avec des gestes d'effroi.

Il tua le roi, parce qu'on lui avait dit qu'il devait le tuer pour être roi à son tour.

Toute la France s'émut de colère et d'épouvante. Le nom d'Orléans devint un objet d'effroi. Le prince de Galles, son ancien ami, déchira son portrait et en dispersa les lambeaux.

S'il faut en croire l'historien Montjoie (1) *le duc* voulut être témoin de *la* fatale exécution et il parut sur la place de la Révolution pour assister à la mort de sa victime comme à un triomphe — et il partit dans une voiture superbement attelée pour s'en aller au Raincy.

Louis-Philippe d'Orléans périt sur l'échafaud, à la même place où Louis XVI avait été frappé quelques mois auparavant.

L'histoire des d'Orléans, il faut le dire, commence et finit tristement.

Les deux points extrêmes font peur à voir.

FIN.

---

(1) Historien royaliste.

CONCLUSION.

Quelle horrible famille ! Quelles mœurs ! Pour tous, sauf pour l'insignifiant Louis d'Orléans, c'est l'histoire de la dépravation ou du crime ou de l'une et de l'autre à la fois.

Le fils d'Egalité, alors duc de Chartres et aide de camp de Dumouriez, depuis Louis-Philippe, roi des Français, se fait complice de ce général et passe, avec lui, à l'ennemi.

L'ex-général Egalité, devenu roi, qui allait au club des Jacobins coiffé du bonnet rouge, fait égorger, à plusieurs reprises, les républicains. Jadis, révolutionnaire à tous crins, il refuse, en 1848, la simple adjonction des capacités !

Faut-il rappeler la mort du prince de Condé qui, après avoir testé en faveur du duc d'Aumale, est trouvé pendu à l'espagnolette de sa chambre ? Faut-il rappeler l'esprit de mendicité du feu roi, qui ne travailla qu'à faire doter sa famille ? Passons !

Ses fils — après 1870 — quand la *noble blessée* est encore gisante, n'hésitent pas à mettre à rançon la France, dont les veines sont épuisées et lui réclament *quarante millions*. *L'Assemblée de malheur* leur en concède cent.

Le comte de Paris, infidèle au testament politique de son père, va se jeter aux genoux d'Henri V, qui ne se laisse point tromper à ces démonstrations intéressées. D'un autre côté, les princes, qui avaient promis à M. Thiers de ne point siéger à l'Assemblée, faussent leur promesse et viennent conspirer au sein du Parlement.

Depuis, c'est pour eux que s'ourdit, contre la Patrie et le Suffrage universel, la double conspiration des 24 et 16 Mai.

A l'heure présente, exploitant la crise passagère dont souffrent l'agriculture et l'industrie, ils font, avec les millions qu'ils nous ont ravis, une propagande active pour égarer l'opinion publique.

Quelques faux bonapartistes les servent de leur complicité.

A qui en veulent les d'Orléans ?

A notre bourse.

Ce sont princes à chercher, dans la royauté, moins la gloire que le profit.

Ce qui fait l'objet de leur éternelle convoitise, ce n'est pas le sceptre ; c'est la liste civile.

Dans quelques jours, le Suffrage universel leur criera : « Arrière ! — On vous a déjà donné ! »

A. MONDENARD.

Agen. — Imprimerie CASSAN et CAZAUTET, rue Carnot, 17.

www.ingramcontent.com/pod-product-compliance
Lightning Source LLC
Chambersburg PA
CBHW061617050726
47595CB00007B/2995